池田昭二　鳥海山山行記録　一〇〇〇

池田昭二 鳥海山 山行記録 一〇〇〇

目次

【CD版目次】

まえがき

池田昭二（一九二七〜二〇一一）は中国撫順市生まれ。山形県庄内地区および酒田市内の小中、高校で理科教諭として勤務した登山家であり、自然保護活動家である。

登山中の池田の胸のポケットにはいつも鉛筆を挟んだ手帳があった。彼は立ち止まるたびごとにメモをとり、帰宅するとメモをもとにその日の登山記録をＡ４のレポート用紙にまとめた。池田はどんなに疲れた時でもこの作業を欠かさなかった。一九四七年から二〇一〇年までの約半世紀にわたる登山回数は二三一六回である。これには少年時代を過ごした中国での登山は含まれていない。登山記録は、年毎にファイルされ段ボール箱に保存されていた。記録用紙は三〇〇〇枚にも及ぶ。本書はその中で池田が最も情熱を傾けた鳥海山一〇一〇回の手書き登山記録をＣＤに収めたものである。

この膨大な記録を池田はどのように活用しようとしたのか、また公開する意思があったのかどうか、彼は何も言わずにこの世を去った。私たちはご遺族の了解を得て、池田の記録を公開することにした。そこにひたすら鳥海山に向かったひとりの登山者の魂の軌跡を見出すことができるからである。二〇〇九年、池田は自伝的エッセー『忘れがたい山』（無明舎出版）を上梓している。この自伝は本書に収録した登山記録をベースにして叙述されている。そこには山への情熱にかきたてられた奔放な青年教師像がある。本書の理解のためにも是非読んで欲しい本である。

池田の登山記録は徹底した客観主義に貫かれている。そこには登山者にありがちな過剰な情緒的表現がない。登山行為の事実のみが時系列で記録されている。だから読者は無味乾燥との印象を持たれるかもしれない。でもそれは池田が無感動な人間だったからではない。池田が科学者の目を持って山に登ったからである。注意深い読者はそうした池田の登山記録の中に思いがけない発見をするであろう。また低くさりげなく語られている山仲間との友情や家族への愛も見逃せない。この記録の中に池田の登山靴の足音を聞く読者は、いつの間にか池田と歩調を合わせて鳥海山を歩いている自分に気付くであろう。

池田昭二鳥海山山行記録編集委員会　粕谷俊矩

池田昭二の登山と記録

粕谷俊矩

登山の出発　贖罪と友愛

池田昭二（一九二七～二〇一一）は中国（旧満州）撫順市生まれ。山形県酒田市の小学校、中学校、続いて高等学校の教諭として教壇に立った。生涯二〇〇〇回以上の登山を行い、そのすべてを記録した一登山家である。池田の登山の出発点は敗戦体験と切り離すことができない。それを物語る資料がある。治安維持法犠牲者国家賠償要求同盟酒田支部報『不屈』二七号（二〇〇七年）である。それは次のような内容である。

池田は旧満州国撫順市で七人兄弟姉妹の長男として生を受けた。父忠蔵は南満州鉄道（満鉄）の撫順炭鉱に勤務し、参事というエリートであった。「当時の満鉄の社員住宅には蒸気暖房、蒸気風呂、天然ガス、水洗トイレ、ダイアル式電話が完備し、豊かな暮らしを送っていた」（『不屈』）父忠蔵は蓄音機で音楽を聞き、幼い昭二をおんぶしてスキーツアーを楽しむ趣味の人だった。やがて昭二少年も父の後を追いかけてスキーを楽しむようになった。広大な冬の大陸の雪原と夏の木立や原野の草いきれが池田の原風景となった。

池田少年の精神を形成したのはこうした自然体験だけではない。池田に暗い影を落としたのは、池田五歳の年に起こった日本軍の中国人への残虐な行為である。おそらく後で父から聞いたであろう平頂山虐殺事件である。「十五年戦争の発端となった一九三一年の柳条湖事件の翌年、満州を事実上の日本の植民地とする『日満議定書』に反対する抗日軍が撫順炭鉱を襲撃し、日本人十一名を死傷させた。その報復として日本軍は平頂山部落の老若男女三〇〇〇名を一箇所に集め、数台の重機関銃で殺害し、銃剣でとどめを刺し、遺体をガソリンで焼却し、崖をダイナマイトで崩し、遺体を埋め、事件の隠滅を図った」（同書）。極秘扱いの事件を父忠蔵は息子昭二に語ったのだ。

池田は小学四年生で目撃したある光景を覚えている。「ぼろ服を着て薄い布団と鍋を背負った中国人が山東省からやってきて撫順炭鉱労働者となった。いわゆる『山東苦力』である。彼らの日当は十二銭、父の月給が一二〇円だったので、日本人社員の三〇分の一の賃金で奴隷のように酷使されたのだ。八万人の中国人労働者の労働の上に日本人は安逸な生活を送っていた」（同書）ことを池田少年は知っていた。同じ人間なのになぜ、という少年の思いはまた父忠蔵のものでもあった。

池田昭二（59歳）

その池田も時代の子であった。ある日父に黙って陸軍士官学校を受験しようとした時、父は彼の目の前で受験票を破り捨てた。そして池田にこういった。「人間何が悪いといっても人殺しだ。今に日本は敵兵を一人でも多く殺した奴が勲章をもらい、階級が上がっていく。これが戦争だ。お前は人殺しだけやるな。生きるのだ。お前は長男だから生き延びてお母さんや妹、弟の面倒を見なさい」（同書）

これが父忠蔵との最後の会話になってしまった。忠蔵は満鉄のエリート（参事）だったが、東条内閣の政策には批判的だった。そして中国人からは親のように慕われていた。「政府に睨まれた父は三八歳の時、山西省の大同炭鉱に長期単身赴任を強いられ、そこで四七歳の若さで病死した。平和主義者だった父は体よく消されたのだ」（同書）。敵国人である忠蔵の遺骨を塘沽の港まで見送る中国人の行列が続いた、という話を遺骨を届けてくれた一人の日本人が池田に伝えている。父忠蔵の人間性を物語る逸話である。

池田は城津（編注・現在の北朝鮮金策市）で敗戦を迎えた。即座に勤労動員先から脱出し、約四ヶ月間歩き、釜山港から引き揚げ船に乗って帰国した。一年半後、母と弟妹たち七人全員が帰国した。敗戦の混乱期に路頭に彷徨っていた池田の家族を支えたのは、戦争中忠蔵が命がけで助けた中国人の孫兄弟だった。しかし文化大革命のさなか、日本人を助けたという密告で、兄弟は人民裁判にかけられ、兄は獄死し、弟は刑に服した後、出獄した。池田は三八年間にわたって弟の所在を懸命に捜索した。その結果、孫弟が瀋陽市で自動車の修理工場を営んでいることを突き止め、再会を果たした。その後二二年間、池田は孫一家と親交を続けた。

『不屈』に載せた池田の文章は次のような言葉で締めくくられている。「あの忌まわしい暗黒時代を知らない、いや知らされていない今の世代に、暗黒時代を何とか生き延びてきた私たちが、血塗られた日本の侵略戦争の近代史を語り、珠玉のような日本の平和憲法の価値を、熱く訴えたい。そのために一日一日を大切にしたいと願うこの頃です」。

池田には、戦争からの解放の悦びと同時に植民地支配者あるいは侵略者としての贖罪意識が強く働いている。中国侵略のスローガン「五族協和」がいかにまやかしものであったかを池田少年は見抜いていた。そしてまた恩義を尊び、重んじる中国人への友愛と信頼は池田の生涯を貫く太い柱であった。

政治によって敵対関係におかれ、引き裂かれた民族どうしであっても、一市民の立場に立てば互いに理解し合えるし、愛し合えることを池田は疑わなかった。

池田は日本に帰った翌年の一九四六年、秋田鉱山専門学校（現秋田大学）に編入し、一九四八年に酒田市立第一中学校で教職についた。二年後の一九五〇年、酒田市亀ヶ崎小学校の教師となった。小学校を希望したのは、池田が子供たちに音楽を教えたいと思ったからだった。そのために彼は独学でピアノを練習した。しかし、間もなく結核にかかり二年半の療養生活を余儀なくされた。彼の闘病生活で心の支えになったのは小さな詩誌『谺（こだま）』の編集だった。池田はその創刊号から編集長をつとめた。池田は自分自身を「詩を書かない詩人、絵筆をとらない画家、楽譜の読めない作曲家」と評していたが、実は谷間五郎のペンネームで『谺』に盛んに詩を発表していた。戦争への呪い、国家の欺瞞への激しい怒り、そして静かな思索と深い内省、それらが池田の詩に流れる通奏低音である。同人誌の創刊号表紙には池田の幻想的な風景画が載っている。第七号からは同じ療養所で闘病生活を送っていた詩人吉野弘（酒田市出身）が加わった。

詩誌『谺』９号
（酒田市光丘文庫所蔵）

『谺』にはフランスの詩人ポール・エリュアールの訳詩が度々登場する。池田は、ファシズムと戦い愛をうたったこの詩人に傾倒し、そこに自分の思想を重ねた。一九六二年に池田が田中玲子と結婚した時の記念パーティー案内状にエリュアールの詩「法則」が引用されている。その第一連、「葡萄から葡萄酒をつくる／石炭から火をつくる／くちづけから人間をつくる／それが人間の温かい法則だ」。詩人らしい愛の詩。第二連は、「戦争と悲惨に対して／死の危険にもめげず／ひたすら自分を守る／

それが人間の厳しい法則だ」と続く。これはまさに池田の体験そのものである。そして第三連、「水を光に変える／夢を現実に変える／敵を兄弟に変える／それが人間の優しい法則だ」（大島博光訳）。池田はこの第三連に未来への希望を見出したのではないだろうか。かつて敵であった中国人とも兄弟になれる、池田はそう信じたのだ。

池田は亀ヶ崎小学校三年間の在籍期間中二年半を休職した。病が癒え、酒田市立第二中学に赴任すると、まるで機関車のように山に向かった。死の病であった結核から生還した喜びが爆発した。酒田市内の中学校にそれまでなかった山岳部を創設すると、続々と部員が集まった。全校生一〇〇〇人ほどの学校で一三〇名もの生徒が山岳部に入部した。当時の新制中学校で山岳部を設ける学校は珍しかった。池田は、山に登る生徒に「何を忘れても塩だけは忘れるな」と言い聞かせた。十八歳の少年池田の朝鮮半島での逃避行の経験から導き出された教訓である。

池田は自身の登山の出発点を次のように述べている。「私の本格的な山登りは敗戦からである。広々とした大陸から追われ、狭い日本列島での生活を余儀なくされた時の私は、正に檻に閉じ込められた野獣の心境だった。だから当時の山行は大陸への郷愁であり、せせこましくわずらわしい生活からの逃避であったように思う」（昭文社発行『山と高原地図三一　鳥海山』）

鳥海山の気象を記録する中学生

池田は天才的な話術の持ち主だった。池田は庄内人であったが、庄内弁は使わなかった。たまに庄内弁らしき言葉を発したが庄内弁ではなく「標準語なまり」の庄内弁だった。母親が東京出身だったことと、池田が旧満州国で生まれ十八歳までそこで暮らしたことも理由のひとつだろう。しかし、生徒が話す庄内弁を先生が使わないということは、教師にとってある意味で損失である。生徒と教師の間に心理的距離が生まれるからである。半面、標準語でしかも低い声で語りかける池田に、生徒たちは自分たちの生きる世界とは別の世界を感じたことも事実である。池田自身そういう仕掛けの効果を充分自覚していたに違いない。彼は冗談を言うときも、平静さを保ち、真面目な表情を崩さなかった。聞き手はまんまと術にはまってしまうのである。池田は役者だった。池田の言うことにはすべて真実味があった。生徒に山を語る時、彼の話術が最も冴えた。戦後の混乱が続き、子どもも大人も食べ物に飢え、楽しみに飢えていた。そんな時代に池田は山の素晴らしさ、そこに登る喜びを語った。生徒たちは、幾分、いや多分に誇張を伴った池田が語る山の話に酔いしれた。見え見えの誇張であることを知りながら、生徒たちは池田の話に夢中になった。池田の話の先には彼らにとって未知の山という世界が広がっていたからである。池田の話は陰でイケショー・ラッパと揶揄されたが、池田はその評価を否定も肯定もしなかった。例えばこんな話。「君たち、岩魚を捕るにはね、竿も釣針もいらない。スリコギ棒一本で十分だ。驚いて飛び跳ねる岩魚をコツンとやればいいんだ」。山で拾った棒切れではなく台所のスリコギ棒でなければならない、というところがミソだ。無垢な生徒たちは先生の言葉を信じ、酒田駅に集まった生徒たちのリックからスリコギの頭が覗いていた。それを見て、いたずら教師は、してやったりと、ほくそ笑むのである。ラッパには尾鰭がついて巷に広がり、池田伝説となった。生徒たちは池田の山の話に魅せられ、山に憧れ、山に向かった。イケショー・ラッパは生徒たちを山に向かわせるための詩的レトリックだったのである。

誰でも予想することであるが、鳥海山は平地より雨が多く、酒田市より気温が低く、平地より風が強い。たぶんそうだろう。でもそれは経験値ではあって観測値ではない。それなら実際観測してみよう。というわけで池田が顧問を務める酒田市立第二中学山岳部は一九五五年から一九五九年までの五年間、八月上旬の十二日間の鳥海山定点気象観測を行った。定点での観測隊、食糧・燃料を補給するサポート隊、そして学校から山にかかる雲の観察グループに分かれての調査である。観測機材はすべて手作り、満足な登山用具とてなく、登山する生徒のほとんどが通学用の学生服のままだった。気象観測を通じて池田は生徒に何を教えたかったのだろうか。観測によって夏の鳥海山の気象の大まかな傾向はとらえることができたが、観測データの精度には限界があった。観測し、記録して、考察するという自然科学の手順を池田は生徒たちに教えたかったに違いない。夏の鳥海山の気象を数値化しようという大胆な試みに山岳部員たちが動かされたのである。勿論、気象観測を理由に山に登れるという動機も認めなければならない。池田の記録精神は部員を巻き込み大きなうねりとなった。結果として酒田市立酒田第二中学校山岳部の調査報告書『鳥海山の気象』は一九五八年日本学生科学賞（読売科学賞）を受賞した。本書編集委員の石黒氏がこの気象観測にまつわる興味ある逸話を載せているので一読されたい。（「鳥海山気象観測登山あれこれ」）

フィールド・ノート

登山中の池田は胸のポケットにはいつも手帳があった。そして雨の中でも、雪の中でも、自分の行動を記録した。筆記用具としては鉛筆が多かった。手帳は大抵輪ゴムで縛ってあった。池田は生涯で何冊の手帳を使ったことだろう。池田の没後、玲子夫人の協力を得て、本書編集委員会は遺品の中に池田が残した登山手帳を探した。池田は非常に几帳面な性格で、折々の写真、印刷物、書簡、原稿、メモなどあらゆる資料を分類し、表題を付け、定型のファイルに整理して保管した。だが、彼がもっとも大切にしたはずの登山手帳が数冊を除いてまだ見つかっていない。ただ幸いなことに、池田は下

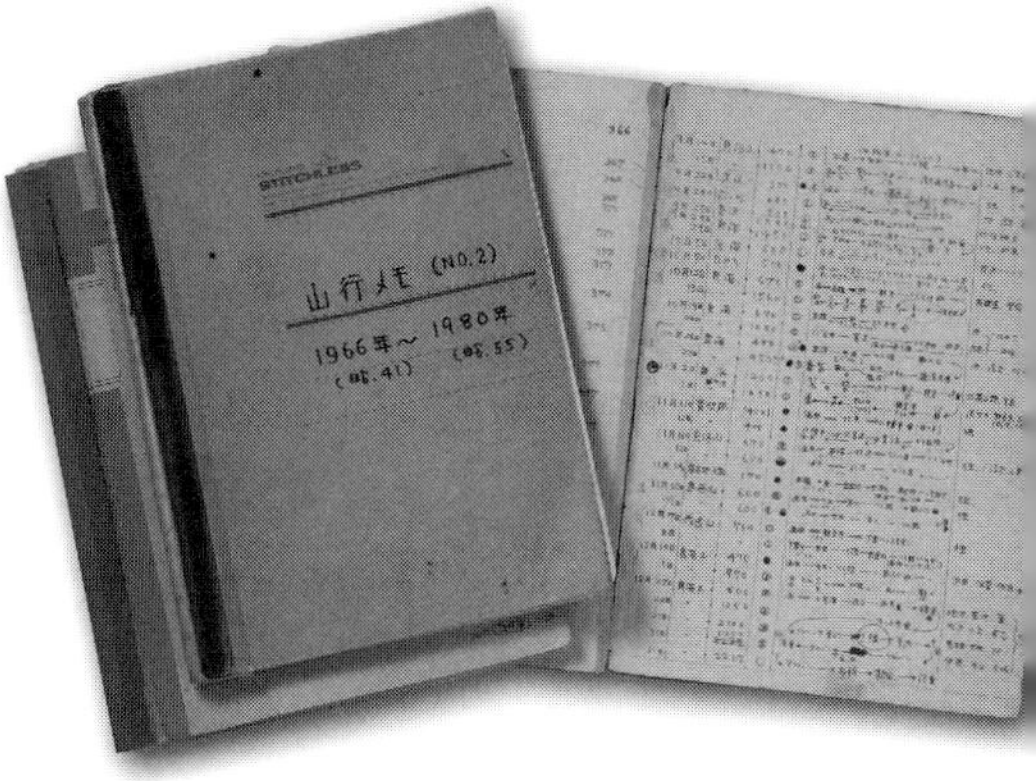

登山リスト『山行メモ』

山後に手帳のメモをもとにA４のレポート用紙六十二冊に記録を清書し、年ごとにまとめ、段ボールに収めた。筆記用具は万年筆でブルーのインクを使っている。およそ三〇〇〇ページの登山記録は年ごとに纏められ段ボール箱に収められている。

また清書記録とは別に、B４版のノート四冊に登山ごとに通し番号を振って、登山リストを作っている。その文字は美しい楷書体で、読みやすい。池田はなぜ二三一六回の登山を記録したのか。この登山記録をどうする積りだったのだろう。一般的に言って、登山の記録には当然登山者の内面が反映する。というよりむしろ登山者の内面こそが記録の対象である場合が多い。そこからエッセーなどの文学的な果実が生まれる。しかし池田が残した登山記録はあくまでも行動記録だけで情緒的な記述は一切ない。生死をさまよった山行であっても、そこに心情の吐露はない。徹底して客観主義を貫いている。優れた話者であり、詩人的感性を持った登山者池田にしてはあまりに即物的な記録である。読者は登山者池田の内面に迫りたいという衝動に駆られる。しかし、池田の登山記録には彼の心の動きを見出すことは難しい。そこにあるのは行動であり、行動を記録する意志だけである。しかしこの一見無機的に見える池田の登

鳥海山記録

山記録の底には山での経験を記録する喜びが隠されている。池田は山行から帰ると、フィールド・ノートをもとに専用の記録用紙に、決まった様式で一日の行動を清書した。そして山に登る喜びを反芻したのだ。池田はこの記録を公にする意思はなかったと思う。大抵の人が自分の日記を公表しないのと同じだ。生きた証（あかし）を日記に留めるように、山に登った証を単に書き留めただけなのだ。

記録精神がもたらしたもの
雪洞の実測図と万年雪の研究

一九六七年四月五日に発生した朝日連峰遭難事件で山形市立商業高校山岳部三名が死亡した。引率教員は業務上過失致死罪に問われ六年間にわたって裁判で争われた。この裁判で検察は引率教員に「適当な場所に不時露営をする義務」があったとし、雪洞等に生徒を避難させるべきであったと主張した。これに対して弁護側の証人として池田が証言し、その時点まで彼が構築した二四例の雪洞の克明な記録を提出した。記録は証拠書類として採用

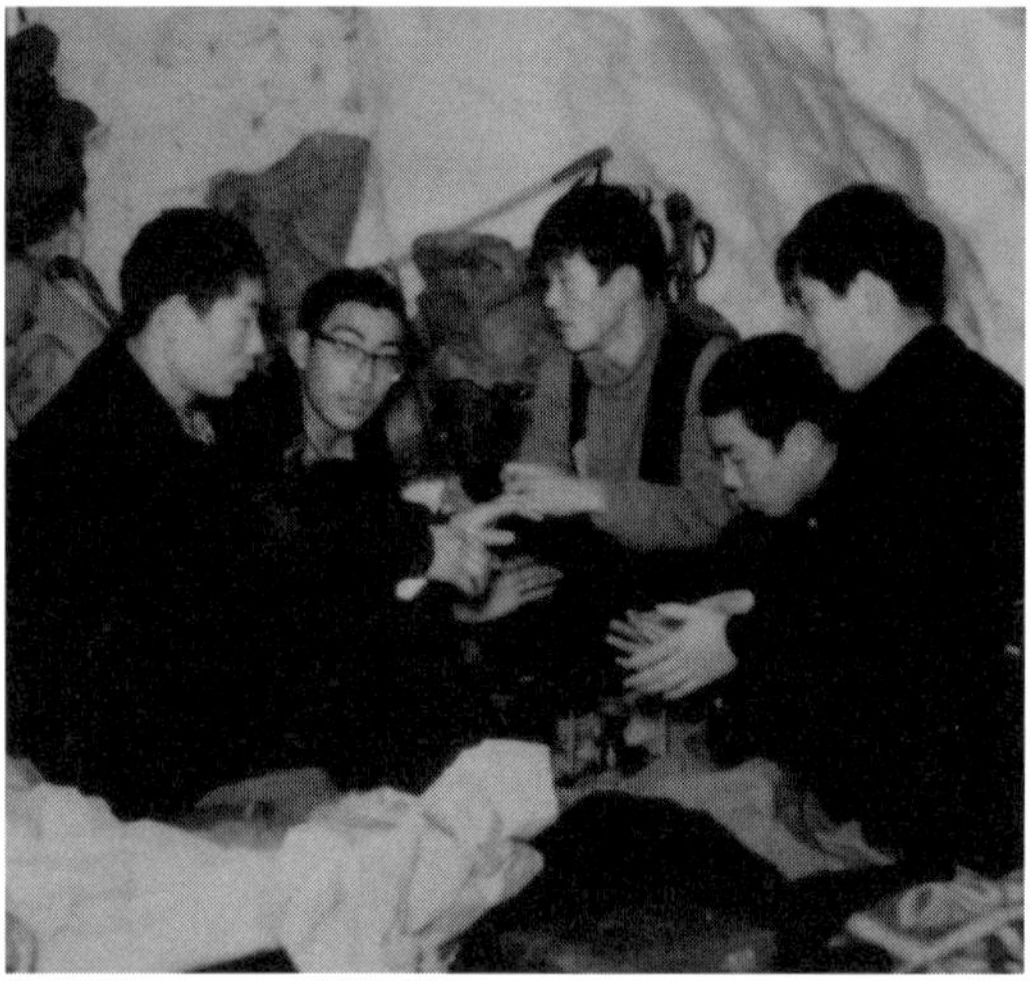

雪洞でくつろぐ池田と生徒たち

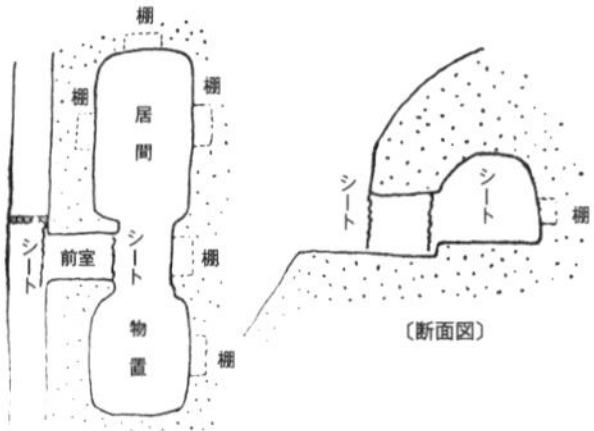

ひょうたん型雪洞図

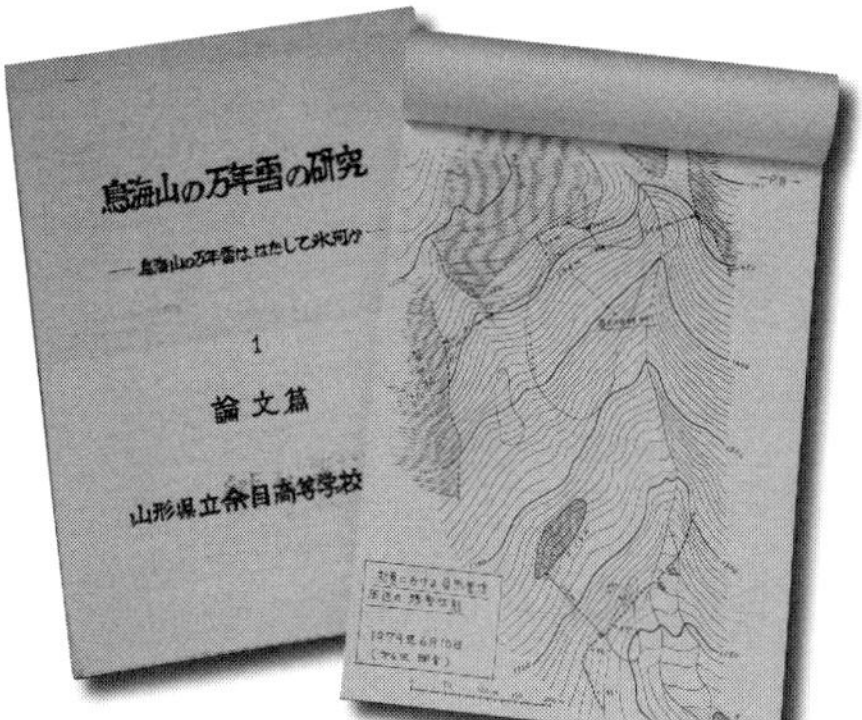

万年雪研究の報告書

された。そこには、構築期日、場所、所要時間、作業人数、使用した用具の種類とその数、そして雪洞の実測図が記録されている。その結果、事件当時の状況では雪洞を掘り、生徒を避難させることは困難であったとの理由で検察側の主張は退けられた。池田の証言等もあって、結果的に引率教員の無罪が確定した。池田の記録精神が法廷でひとつの役割を果たしたことになる。その後池田の雪洞体験は回を重ね、四〇回に達した。積雪期の登山での雪洞の効用と構築時の注意点などは彼の著作『忘れがたい山』（二〇〇九年　無明舎出版）に多くのページを割いている。

鳥海山南面、滝の小屋の東、マタフリ沢源頭に夏遅くまで消えない貝型雪渓がある。池田は一九七六年にこの雪渓の調査研究を始めた。冬の猛烈な北西季節風が鳥海山に吹き付け、山体を回り込んで山の南面に大量の雪を落とす。そのため鳥海山では心字雪渓をはじめ大きな雪渓は南面に発達する。その一つ貝型雪渓は登山道からも近く、位置的に調査に適している。この辺りの積雪は三〇メートルにも達し、その雪はたった一年で氷に変化する。池田はこの雪渓が動いているのではないかと予想を立て、道具を工夫し、観測、記録した。その結果この雪渓が流れていることを突き止めた。密度は完全に氷であることもわかった。ということはこの雪渓が氷河の定義に近いということだ。氷河であるためにはもうひとつ、氷の運搬作用によって出来る堆積物、いわゆるモレーンの存在が条件となる。残念ながらそれは確認されなかった。その後日本雪氷学会の土屋巌香川大学教授との共同研究によって、貝型雪渓は小氷河であると発表された。ここでも池田の科学者の眼が新たな発見をもたらしたことになる。記録する精神の成果である。

記録精神の継承　ゆきと拓

池田のひとり息子拓は、一九八八年十一月北アメリカ大陸徒歩横断の五〇〇〇kmの旅に出発した。サンフランシスコから九か月かけて翌年七月三十一日に東海岸のバージニアビーチに到着した。続いて一九九〇年二月九日にコロンビアのサンタマルタを徒歩で出発し、一九九一年アルゼンチンの最南端の町ウシュアイアに到達した。南アメリカ大陸九〇〇〇kmの徒歩縦断をなし終えたのである。その間彼は一日も欠かさず日記を付け、書き終わった二十三冊の日記帳を旅先から自宅に郵送した。旅の軽量化を考えたことと、彼にとって日記は何よりも貴重な財産だったからである。ノートは三〇穴のリフィルだったり、現地で購入したノートだったり、サイズもページ数もばらばらだった。筆記用具は性能の悪い青のボールペンで我慢した。用紙を無駄にしないようにどのページも天地左右の余白も行間も惜しみ、書き誤りはペンで塗りつぶしてある。池田拓は帰国の翌年一九九二年、不慮の労災事故にあって他界した。享年二六歳。

『南北アメリカ徒歩縦横断日記』

拓が亡くなってから姉ゆきが弟の日記を一字一句忠実にワープロで入力した。その入力作業は仕事を終えて帰宅しての深夜だったり、休日を当てたりしたので、完成までに三年と少しかかった。ちょうど弟の旅と同じくらいの時間がかかったことになる。その間、ゆきは悩んだ。たとえ家族のものであっても個人的な日記を本人の了解も得ずに公開するなどは許されない、という気持ちである。後ろめたい気持ちを抱えながらもゆきは入力し続けた。「拓がいなくなってしまった時、このままでは拓の三年間の徒歩の旅

池田拓旅日記ノート（岩本ゆき提供）

が消えてしまうと思いました。旅を語る人がいなければ、旅の事実も最初からなかったように風化してしまう。それは耐えられない。日記を読んだ人の記憶の中に拓の存在を刻んでほしい」（ゆき談）。池田拓の日記は一九九六年『南北アメリカ徒歩縦横断日記』（無明舎出版）として出版され、版を重ねている。六〇〇ページの大冊である。池田拓は自分の日記が出版され、人に読まれることは考えもしなかっただろう。拓は当然ながら他人の目を意識することなく、淡々と自分の行動を記録した。そこにあるのは日々の出来事、行動だけである。何の注釈も解説もない。読者を想定したものでないことが『日記』に独特な説得力を与えている。世の中には多くの面白い旅行記はあるが、読者を意識した話を一切含まない池田のような日記は稀であろう。ゆきはこうも語った。「弟が、勝手なことをした私に腹を立てて、恨み言を言うために化けてでてきてくれればいい、と心から思っていました」この池田拓の記録精神と、弟の膨大な日記をすべて一字残さず入力した姉ゆきの記録精神は確かに父、池田昭二から受け継いだ資質であることは間違いない。

「また山に登れる」四回死んで、四回生き返える

池田は四回死に目にあっている。一回目は一九四五年、池田十八歳。現在の北朝鮮金策市から釜山までの約一〇〇〇km、四か月の逃避行の時である。日中は物陰に潜み、夜間に移動した。途中まで一緒だった友人が亡くなり、秘かに荼毘に付した。帰国した池田は遺骨を友人の親元に届けた。逃避行で命を繋いだのは学徒動員先で手に入れたポケット一杯の塩だった。四か月の間、彼は何を食べ、どこで眠ったのだろうか。彼は多くを語らなかった。いや語れないほど過酷な体験だったのだろう。十八歳の池田は一生分の苦難を味わったのだ。さらに大陸から引き揚げた人々に対して世間は冷淡だった。池田は貧しく、孤独だった。

二回目は一九五〇年肺結核のため入院を余儀なくされた時である。二年六か月の入院生活だった。入院先の酒田市立豊里病院からは鳥海山が良く見える。「病院で死ぬも、山で死ぬも同じだ」（池田）と、なかば自暴自棄になって、病院に隠れて山に登った。不良患者である。死に向かって山に登ったはずの池田の病は不思議にも治癒に向かった。安静を無視した山歩き運動療法が功を奏したのか、結核は完全に癒えた。勿論結核の特効薬の効果が大きかった。

三回目は、一九六二年十一月、新婚旅行で登った鳥海山で吹雪かれた時である。この時の顛末は『忘れがたい山』の「九死に一生の新婚旅行」に詳しい。「ここで死んでもいい」という新妻のか細い声

が聞こえてきそうだ。

四回目は一九六五年四月、鳥海山の南に連なる出羽丘陵の縦走中、弁慶山八八六mを越えた稜線で崩壊した雪庇もろとも墜落、宙吊りになり、8ミリザイルが腹に食い込んだ。ザイルを切って楽になりたいという死への誘惑が『生』への衝動に変わったのは瞼に浮かんだよちよち歩きの娘の姿だった。池田はもがきながら、満一歳になったばかりの娘ゆきに会いたいと思った。

一九六二年と六五年の生死を分ける出来事については『忘れがたい山』に詳しいので、是非読んでもらいたい。

死の淵から生還するたびに池田が口にした言葉がある。「これでまた山に登れる」。

戦う登山者　鳥海山の自然を守る会

一九七〇年鳥海山南面、山形県飽海郡八幡町（現酒田市）の湯の台地区で自衛隊の演習と称して、一二八〇mの滝の小屋までの観光道路建設が始まった。美しいブナ林が無残に切り倒された。地元住民への説明もなしに秋田県側からのびたブルーラインと繋ぐ鉢巻車道をつくる計画だった。この自然破壊の何物でもない計画に対して一九七三年「鳥海山の自然を守る会」（会長・豊田春満）が結成され、一九七六年から池田が会長となった。一九七四年鳥海山から噴煙が上がり、一九七七年まで入山規制がしかれ、自衛隊が撤退し、道路建設は現在の一二〇〇m地点で止まった。

その後一九八七年に「リゾート法」が施行され、八幡町では大手開発企業のコクドｋｋの資本力による「八幡町スキー場」建設計画が持ち上がった。この時点で三八四名の会員を擁する「守る会」は全国的な反対署名活動を展開した。署名は二〇〇五年には七万二一六五件に達した。八幡町はスキー場の開発促進のために三億二〇〇〇万円の巨額を投じた。それは陳情、町会議員による視察、タレントを呼んでの促進町民大会、そのための住民の動員、看板設置などに消えた。町民の血税である。「守る会」への嫌がらせともみられる干渉もあった。現に開発反対署名をした八幡町民はたった七名。当時の町長が署名した町民の有無を職員にチェックさせたと言われている。同じくスキー場開発を考えていた遊佐町でも反対署名した小学校教師が遊佐町教育長に呼び出され、詰問された事実があった。それを知ったジャーナリスト本多勝一氏が八幡町長に面談し抗議したこともあった。

そうした困難な情況の中で池田を中心とする「守る会」の粘り強い活動が続いた。一九九三年には絶滅危惧種のイヌワシの生息が鳥海山で確認された。山形県はイヌワシの生息は「スキー場開発には影響がない」として開発計画を承認した。一九九五年四月スキー場開発計画地に近い岩場でイヌワシの営巣地が発見され、ヒナの繁殖が確認された。一九九七年九月、県は重い腰を上げてイヌワシの保護を優先する方向に傾いた。それを契機にコクドが開発から手を引き、八幡町も計画の「白紙撤回」を表明、スキー場開発計画は挫折した。同じ頃遊佐町の鳥海山西面のスキー場計画も撤回された。今ではイヌワシが旧八幡町のシンボル的な存在となり、池田が研究した貝型雪渓の小氷河から名前をとって「氷河水」の名前で販売されている。ただしこの水は貝型雪渓とは関係がない。この間の「守る会」の活動記録は榎本和介事務局長が編集し、毎月発行された『自然を守る会ニュース』に詳しい。『ニュース』は一九九三年の創刊から二〇年後の二〇一三年の二六三号まで続き、二〇一五年に二冊に纏められ発行された。『ニュース』は自然保護活動のみならず、毎月の自然観察会、山の博物、歴史、エッセーとその内容は豊かで、鳥海山を知る上で欠くことのできない貴重な文献である。それは会長池田の指導力と事務局長榎本氏の実践力の結実である。『守る会』での活動は池田の登山歴のなかで最も重要な位置を占める。

鳥海山と出羽丘陵

池田の登山回数で見ると鳥海山が圧倒的に多い。生涯登山回数二三一六回の半数は鳥海山である。これはもちろん居住地の酒田市から近いという位置的な有利さがあったからである。自家用車もバイクも持たなかった時代は酒田から羽越線遊佐駅まで鉄道を使いそこからは徒歩で山に向かうことが多かった。当時鳥海山西面には山小屋がなかった。池田らが中心になって山小屋建設期成同盟会を立ち上げた。池田は活動の中心になり、酒田市に働きかけた。当時の酒田市長の理解もあり、一九六一年酒田市営山小屋、通称「万助小舎」の完成を見た。無人の避難小屋である。山形県飽海地区高体連に所属する高校生山岳部の部員、またそのOB、山岳部顧問、元顧問らによる献身的な維持管理によって、山小屋は半世紀以上経った今日でも豪雪に耐え、登山者のオアシスになっている。小屋は多くの登山者によって利用されているが、特に季節を問わず登ってくる高校生登山者の精神形成に測りがたい役割を果たした。

万助小舎

鳥海山山行の次に多いのは出羽丘陵である。定義上出羽丘陵（または出羽山地）は奥羽山脈の西側に並行して走るもう一つの山地を指す。従って鳥海山や月山も出羽丘陵に入る。この丘陵を横断するいくつかの河川によって白神山地、太平山地、丁岳山地などの丘陵に分けられるが、池田が通ったのは鳥海山の南で庄内平野と新庄盆地と最上川にはさまれた山域としての出羽丘陵である。最高峰は弁慶山八八六ｍであるが、平野部に近い経ヶ蔵山や胎蔵山をのぞけばどの山にも登山道というものがない。山頂を目指すためには沢を遡行するか稜線の藪をこぐか、もしくは残雪期の稜線をたどるかのいずれかである。池田はこの山域の沢という沢を歩き、滝の位置を記した詳細な遡行図を作った。鳥海山の沢登りのルート図と並んで、池田が残した出羽丘陵の沢のルート図は貴重な資料と思われるので、本書のＣＤにも収録した。池田は鳥海山の影に隠れて訪れる人も稀な出羽丘陵の地味だが味わい深い山域に心を寄せた登山者であった。

なくした鉛筆

玲子夫人の話によると、池田が亡くなる少し前、入院先の病院で何か歌を口ずさんでいたらしい。玲子夫人ははじめそれが何の歌かよく分からなかった。何度か聞いているうちに、その歌が西條八十作詞、小松耕輔作曲の「なくした鉛筆」という童謡であることが分かった。出だしはこうである。「背戸の榎の山がらす／ぼくの鉛筆知らないか／きのう落としてみあたらぬ／僕の鉛筆知らないか。（以下略）」

池田はなぜベッドの上でこの童謡を歌ったのだろうか。鉛筆といえば池田は登山中、いつもそれでメモを取っていた。ボールペンなどと違って雨にぬれても滲まないからだ。もしかしたら、池田は山の中で手帳に挟んだ鉛筆を失くして

『忘れがたい山』

困ったことがあったのかもしれない。もしそうだったら、記録する登山者池田らしい歌である。池田の鉛筆書きのメモは『忘れがたい山』に結実し、それが池田の「白鳥の歌」になってしまった。

一九九二年池田は最愛の息子拓を事故で失った。池田六十五歳の時である。それから亡くなるまでの二〇年間、池田は涙の淵に沈んだままだった。しかしその悲しみを黙って受け止めてくれる鳥海山があった。池田は鳥海山に人生を捧げ、鳥海山は池田に生きる意味を与えた。

手帳に刻まれた輝く日々

岩本ゆき

父の胸ポケットにはいつもペンを挟んだ手帳が入っている。登山の時も、家族旅行の時も、ちょっとしたお出かけの時さえ、マメに時刻などを書き込んでいる。記録する事は父の長年の習慣だ。書き残しておかないと落ち着かないらしい。

ローソクの夜　山の魔法

リュックサックにすっぽりと納まり、頭だけ出してキョロキョロしながら父の背中に揺られていく、というのが私の最初の登山スタイルだ。ちょっと成長して歩けるようになると、オモチャみたいな赤いリュックを背に、父や仲間達に混じって急な山道を行く。小さな私は父の登山の恰好のお供だった。山に行けば楽しい事ばかり。どんなに走り回ってもはしゃいでも「お行儀よく！」なんて言われない。山小舎のヤギと遊んだり、岩かげから顔を出すオコジョに目を丸くしたり。草の斜面に寝転ぶと、父は鉄砲みたいな木の枝を高い空に向け、飛ぶ鳥を撃つ真似をしておどける。私を肩車した父が「♪わたしが転べばあなたも転ぶ♪」と歌いながら雑木林の斜面を駆け下りると、フカフカの落ち葉に足を取られ、本当に転んでは二人で笑い転げる。

夜の山はまた不思議な力を持っている。街から遠く離れた高い場所で、テントの中にゆらめくローソクの明かり。次々に繰り出される面白い話。踊る影が山の歌を盛り上げる。山のゴチソウを囲んで宴は夜更けまで続く。

そんなローソクの夜を何度も共有している人達は、山の魔法にかかってしまうらしい。心を結ぶ赤い糸のようなものが固くからみ合って、一生ものの絆が結ばれてしまうのだ。その魔法は下山しても解ける事はなく、何かにつけて仲間の家に集まっては酒盛りをせずにはいられない。山仲間と一緒にいる父はいつもゴキゲンだ。そんな山仲間という絆を持った父達をうらやましく思う。

お山の先生はラッパ吹き

私が幼い頃、参観日に「私のお父さんは、お山の先生です！」と言って父兄達を爆笑させたらしい。それは全くの間違いじゃなかった。私が物心ついた頃から、父は学校で物理なんかを教えていたけど、父が夢中になって力を注いでいたのは、山岳部の顧問としての仕事だった。父が教え子達に慕ってもらえて、生涯にわたって親しく交流できたのは、この「お山の先生」の活動あっての事だ。

山岳部の部員達を連れてほぼ毎週末、山に行く。ただ登るだけじゃなく、時には調査研究も行う。鳥海山では万年雪のデータを詳細に測定し、それが氷河であることを証明した。仮説、調査、正確なデータが導き出す結論。生徒達に科学的なものの見方や方法論を、現地での実践をもって示すのだ。

素晴らしい先生ではないか！　…だが‼　調査研究は、科学的な探究心からのみ行われたものではない。「調査研究」という名目を掲げると学校から容易に許可が出て、毎週大好きな登山ができる、という父の悪知恵でもあるのだ。

お山の先生は他にも「ラッパ吹き」という得意技を持っている。ラッパ吹き＝ホラ吹き、という意味だ。食虫植物のモウセンゴケが、きらめく露を含んで赤く群生する高地の湿原では「モウセンゴケに触れると登山靴の革が溶ける」と、もっともらしい事を言って生徒達をビビらせる。「雪崩が斜面を上に流れていった！…と思ったら白ウサギの群れだった」なんて話は定番だ。父の大ラッパを挙げたらキリがない。子供の頃から父のスゴイ話に感心していた私は、だんだん「父の話は半分くらい嘘じゃないか？」と疑うようになった。いや。冷静なカガクの目で検証してみると、父の話の九割はウソだ。科学的な調査では正確で隙のないデータを記録する父だが、それ以外の話にはうさん臭さが満載だ。私は父から人生に役立つ大きな教訓を学んだ。「人の言う事を鵜呑みにしてはいけない」

ヒマラヤ登山とシェルパのパサン氏

異国からの絵ハガキは「香港、ベトナム、タイ、ビルマを通ってゆうべはインドに泊まりました」で始まった。初めてのヒマラヤ登山に旅立った父から届いた一通目だ。四〇代なかばで実現した、長年の夢だったヒマラヤ登山。父のヒマラヤ行きは、私達家族にも別の世界への窓を開けてくれた。お土産から漂う甘い異国のスパイスや埃の香り。高い標高の陽をうけた色彩の、沢山の写真と共に語られる、遠い国の人々のこと。さすがの父も、この時ばかりは現地の体験が強烈すぎて、お得意のホラ話をはさむ隙がないようだった。

ヒマラヤの登山隊は、現地ネパールでシェルパと呼ばれる荷運びなどのサポート役を雇うのが常だ。父達も登山の間中、彼らと寝食を共にして、すっかり仲良くなった。ネパール人は顔立ちも日本人とちょっと近くて親しみやすいのだ。そのシェルパ達のリーダーがパサン氏だ。何ヶ国語も駆使して様々な国のチームに同行し、危険も伴う登山をするのが仕事だ。父達は彼の人柄にすっかり惚れ込んで、ヒマラヤ登山の度にお世話になり、後に日本へと招待した。パサン氏は日本滞在の間、登山隊のメンバーの家に順番に滞在して、わが家の番がやってきた。

パサン氏のような人に会ったのは初めてだった。優しく礼儀正しく、魂の暖かさのようなものが伝わってくる。父が憧れる山の国に住む人は、こんな心を持つのか！　日本人がうっかり失くした何かが、あの国にはあるらしかった。雪や岩や森の中で体力を使う爽快さとはまた別に、父が山に魅かれる理由がそこにある気がした。経済的な富や便利さを良しとする街の生活では消えてしまう、心をうるおす別の豊かさが山にはあるのかもしれない。私達家族もすっかりパサン氏が大好きになり、一緒に過ごしたあの日々は今も忘れられない。

日本に来るまで海を見た事がなかったというパサン氏と一緒に十六羅漢の海へ行った時のこと。バッタリ会った母の知り合いに、遠いネパールからお客さんが来ている事を告げると、彼女は岩場でくつろぐパサン氏達を見て「ああ、ネパール人二人ね…」とうなずいた。母が苦笑して訂正した。「一人は主人です」。皆で大笑いしたけど、それを聞いた父はなんだかとっても嬉しそうだった。自分が大好きな山の国の人だと思われたのが、きっと誇らしかったんだろう。

確かなデータが心を動かす〜豊かな森こそ山の価値〜

バブルの時代、スキーブームに乗って鳥海山にリゾート開発の話が持ち上がった。多くのスキー場やホテルを運営する大手企業が雄大な自然に白羽の矢を立てたのだ。大手資本のスキー場ができれば地元は盛り上がり、経済的にも潤う。開発がもたらすであろう恩恵は、地元の人達を喜ばせた。

しかし父や仲間達、少数の人々はその開発に反対した。「目の前の恩恵」の陰に隠された危うさを露わにして見せ、疑問を投げかけた。大企業が運営するスキー場の収益はちゃんと地元に還元されるのか。ブームが去って大企業が撤退したら、後には何が残るのか。

ただ反対するだけではだめなのだ、と父は教えてくれた。なぜ反対するのか、理由とそれを裏付けるデータを示し、相手の計画に代わる、より良い案を出さなくては人の心は動かない、と。

理屈で戦う者にとって、綿密に調査し、積み重ねた正確なデータこそが唯一の武器だ。父達の示した鳥海山の環境データや資料が、開発に傾いていた人達の心を動かし、少しずつ味方になってくれる人が増えて、大手の開発の話は消えた。

同じ時期に開発されてバブル崩壊の後は価値を失い、ガランドーで置き去りにされた他県のリゾート地を見るたびに、鳥海山があんな風にならなくて良かった、と思う。

にぎやかな日々はページの中に

父のメモ癖がいつから始まったかはわからない。父が生まれ育ったのは第二次世界大戦が終わるまでの中国。日本政府が設立した大企業、南満州鉄道の重役だった祖父の元で「坊や、坊や」と大切にされた少年時代。敗戦と同時にそんな誇らしくも幸福な暮らしの全てから切り離され、日本へと引き上げる。ゼロから始まった酒田での暮らし。苦労の末にやっと手に入れた、大事な人達とのささやかな日々は、決して失いたくない大切なものだったに違いない。記録する事は残す事。時間は儚く過ぎてゆくけど、そこにあった出来事が確かに存在した事実は残る。父は大切な一刻一刻が消えてしまわないように、小さな手帳に書き留めていたのではないかとも思う。

父の冒険心や記録癖は、弟の拓が受け継いだ。拓は二十二歳の時、南北アメリカ大陸を徒歩で縦横断する冒険の旅に出て、やり遂げるまでの三年あまりの日々を克明に日記に書いた。拓も父ももうこの世にはいないけど、書き留められた記録は、旅の日々が確かに存在したことを伝えてくれる。父が登った日本中の山々や、一〇〇〇回あまりの鳥海登山、ヒマラヤ行き。拓の南北大陸の旅。長い時間が経ってもそれらは決して色あせることなく、小さな手帳にひしめく几帳面な文字が父や拓の息づかいを、風の匂いを蘇らせてくれる。

あんなに大ボラ吹きの父なのに、手帳に書かれた記録は淡々とした事実のみだ。それは大げさな演出の必要などない確かな事実。正確であることにこそ意味がある。父が残した膨大なデータが、何かの役に立つのかどうかはわからない。たとえ何百年か後にでも、誰かに活用してもらえたら上出来だ。それでも父の残した記録をかけがえのないものだと思う。ただ、今となっては得意げな顔をした父の口から、オモシロさも迫力も一〇倍にふくらんだ話を聞くことができないのが、たまらなく淋しい。

「鳥海山地図」を引き継いで

斎藤政広

明日から野鳥調査で四日間ほど家を空けるという日に

ぼくの二〇〇二年ノートに「七月二日、山と高原地図・鳥海山の依頼を受ける」とある。夕刻、六時半ころ、イケショー（ぼくたちは敬愛を込めてこう呼んでいる）より鳥海山地図、引き継ぎの件で電話をいただく。間を置かず、砂越緑町のお宅に伺う。そこで、山地図の調査執筆の苦労話などを聞く。引き継ぎは数人の人にお願いしたようであったが、みなさんそれぞれに事情があり断られたとのことであった。そこでぼくに、白羽の矢が立ったようだ。嬉しいことだった。池昭は「政広さんにお願いできれば安心」と言葉をくれた。これは、ぼくに限らず、どなたにでもこうした言葉をくれる池昭であった。山が歩けて、仕事になる、こんなに嬉しいことはない。未知なるものに興味がわくのはぼくの性分で、やりがいのある、命をかける仕事のようにも思えて、挑戦してみようと思った。そのあと昭文社・地図担当、喜多村氏に連絡を入れたようだ。

七月三日　野鳥調査の仕事で金山町へ行っていた。朝から雨で早めに宿に入る。夕方、五時ころ、昭文社の喜多村氏より電話をいただく。山と高原地図『鳥海山』調査執筆の依頼決定ということで、七月十五日、打ち合わせとなった。外は相変わらず強い雨が降っていた。

七月十四日、朝九時一分、昭文社、喜多村氏より電話が入る。車で酒田に入ったとのことであった。（明日十五日を前倒しして）一時半ころから、打ち合わせ、そのあと契約をする。ぼくの狭い四畳半の仕事場で、この日は蒸し暑かった。どうしたわけか調査執筆の地図範囲に月山も入っていて『鳥海山・月山』となっていた。池田地図は、鳥海山でひとつの地図を構成していたことから、鳥海登山にはこの上もない情報が提供されていたが、それが半分になった印象であった。けれど、月山も入って、鳥海山と月山、お互いに離れてみることで気づく山の魅力というものが生まれたようにも思えた。山と高原地図は二〇〇三年版から全面改定となり縮尺も六万分の一から五万分の一になった。池田地図裏面にある頂上付近、二万五千分の一図はなくなった。その後、二〇一五年版に全面改訂があり、山頂付近の詳細図二万五千分の一図を入れたが、魅力ある山域、出羽丘陵のスペースが削られた。

池田・鳥海山地図と冊子

池田昭二によって調査執筆された鳥海山地図は理想の姿だった。思う存分に山を歩き、沢を探索して思いの丈を地図に盛り込めたのだから。そして、その基底にあるものは、こよなく愛した鳥海山そのものであった。その情熱のなせる山への思いは冊子の方にも表現された。「山とわたし－わたしの山岳遍歴から」という二ページにわたる文章をあとがきの前に寄せている。ここでは、開発によって破壊されようとしていた鳥海山の窮状を世に知らしめた。ぼくが好きなのは始まりの一文である。

—「山に行く」ということばが、私にはどうもぴんとこない。土、日、休日のすべてを「山に帰り」、「山から下界にかせぎに出かける」といった繰り返しがはじまって、もう三〇年になろうとしている。—

ぼくはこの文章・言葉をにわかに信じがたかったが。今回、レポート用紙に丹念に記録された、この記録の集積を見て、改めて、言葉の偽りのなさに感動したのであった。戦争の愚かしさを身をもって体験した池田は、戦争と同様に、開発、環境破壊にあけくれる経済優先の波、自然を壊す愚かな文明と対峙した。敗戦直後の山行はせせこましくわずらわしい生活からの逃避ではあったが、やがて、自然と調和する世界を求めていったのだろう。それは母親のふところのような温もりのある世界と感じとったに違いない。もう一度、「山とわたし」から引用しよう。後半の部分である。

—なおかつ毎週いそいそと山に返っていく私を、山の妖気につかれた救いようのない姿だと人はうわさしているらしい。あるいはそれは、しかられてもしかられても、泣きながら母親のふところにかえっていく幼ない子供にも似ているかもしれない。—

池田は、自然探索への道を歩き続けた。自然を慈しみ、敬い、感謝し、そして愉しんだ。ぼくは、愉しんだと表現したけれど、すこし違うぞ政広さん、そんな声も聞こえてきそうだ。この記録を見ていると、家族との山行も多い。また、登山にむきあう姿勢、危険は避けつつも困難を求める池田の姿が見て取れる。ぼくはそこにも愉しみの意味を感じていた。鳥海山はそれに答えるように、池田に相対した。

イヌワシが暮らす鳥海山にスキー場はいらない

ぼくの大切な思い出に、ともに過ごしたイヌワシ探索の日々がある。一九九三年夏から秋にかけて、イヌワシを観察するなかで出現頻度の高いエリアが絞られてきた、どこで、どう決まったものなのか、あるとき、池昭は行動を開始した。ぼくはカメラマンで、野鳥に詳しいわけではなく、観察をしながら学び、学びながら観察をしていた。その観察地点までの道づくりを池昭はひとりで始めた。愛犬タマコを連れて。

毎日のように、たんたんと藪を刈り払い、一日にどのくらい進むのか、最初のうちは心苦しい気持ちで作業をする池昭の脇を抜け、道を歩いた。ぼくは明け方から観察をはじめ、通い続けた。一九九三年十一月十六日、昼頃、上昇気流に乗ったイヌワシがそろばん尾根を越えて、ぼくのほうに向かってきた。イヌワシのきょろきょろとする目もわかり、イヌワシはぼくを見つめ、ぼくもイヌワシを見つめた。翼の基部に白い斑がまだ残る、若いイヌワシであった。池昭が行動で示し、ぼくはうながされるようにして通い、池昭をしてイヌワシの写真が撮れたのであった。この写真は新聞に載った。その記事を見て、野鳥にくわしい人なら、鳥海山にイヌワシが暮らしていると判断できたはずだ。ところがこのとき八幡町も、山形県も「どこかから飛んできたのだろう」くらいの認識しかなかった。じつはこの「どこかから飛んできた」ということも、のちのち、森のつながりということで、イヌワシの暮らすエリアを考えたときに、大切なことだと気づくのだが。ともかくも、ぼくたちは確信した。

鳥海山にイヌワシが暮らしていると。

その後、ぼくは、一九九五年四月二十二日、イヌワシの営巣地とそこに小さなヒナを発見した。一番に伝えたい人が待っていた。尾根を下り、沢を渡り、その報告を池昭（鳥海山の自然を守る会）に伝えられたことが今では大きな財産になっている。一九九七年九月、イヌワシが暮らす鳥海山にスキー場は建設されないことになった。

池田手帳から生まれた記録

池昭の胸のポケットにはいつも手帳が入っている。手帳はいつしか胸の一部になった。池田宅に伺い、お話を聞いているなかで、池昭はふと立ち上がり資料を取りに行くことがある。その間合い、次にどのような話が展開するのだろうと、胸を膨らませて待つ。戻って、また話が始まる。そこに現れる記録の多様さと正確さに驚かされる。そのなかに鳥海山の克明な沢の記録がある。丹念に記録された展開図付きの資料が実に素早く会話のなかに引き出される。引き出しは多岐にわたり、使われればまた元に戻り、記録が埋没していないことを、生きていることを知る。それは、情熱を持って、自ら行動して記録すること、そのことによって生まれ出たものだ。ぼくはその情熱をも、池昭の話のなかから知らず知らずのうちにいただいていたようだ。

「山行記録」を撮影して

佐藤要

Ａ４レポート用紙に丹念に書かれた「山行記録」二三〇〇回余の中から、鳥海山の記録を選別してカメラで複写。それを一枚一枚調整してデータ化する作業を担当することになった。段ボール箱に収められた六〇冊を超える記録集の山を、その時初めて目にして困惑した。

鳥海山の記録だけで一〇〇〇回を越えるらしい、と聞いていた。当然の事ながら一回の記録が数ページにわたるものも多くある。与えられた時間は約一ヶ月。一人流れ作業のように撮影をこなした。しばらくして、作業の妨げになるから見ないようにしていた記録の内容に目が行ってしまい、読み更けるという罠にはまった。結果、撮影だけで一ヶ月を費やしてしまった。

記録集をめくる度に池田の「人生の記録」を垣間見ているような妙な気持ちが沸いてきた。厳しい登攀や華々しい登山だけを記述した一般の山行記録とは趣を異にするこれを、ＣＤに収めて衆目に晒していいのだろうか。池田本人は、一般に公開されるとは思ってもいなかっただろう。しかし、記録として残されたものはいずれ人の目に触れる。ここで迷わず撮影を続けるためには、記録をＣＤに収める作業に何らかの意義を見出すしかない。

実際に書かれた記録は時の経過を基にした事実の羅列であって、そこには心情の記述はほとんどない。それなのに、いやそれだからかも知れない。池田昭二という人物像が端々に浮き彫りにされる。利益を得るための行為だけがもて囃され、それによって失われてしまうものを理解しようとしない昨今の世の中。そのような世相とは対極にある存在として人間「池田昭二」が次第に見えてきた。

鳥海山記録は、鳥海山を主なフィールドとするアルピニズムの実践から始まる。厳冬期稲倉岳、新山元旦登頂、東鳥海カルデラ一周、鳥海山を源とする主な沢の遡行など。それらの山行を仲間と、あるいは生徒を引率して次々と実行していった。稲倉岳西壁では、追いかけて来た中学生を拒むことなく、彼等にとって初めてのザイル操作をその場で教えながら初登攀を果たす。池田は一貫して、自分の周りに集う人々を大事にした。

記録は時を経て、山菜採り、家族登山、学校登山、地域の親睦登山、山を眺めるためのドライブを含め、多岐にわたって展開する。中学や高校の山岳部顧問を務め、生徒を引率して数え切れないほどの多くの登山を実践した。その間を縫って酒田勤労者山岳会を設立し若い登山者を育て、自然破壊を伴う鳥海山の観光開発に鋭い視線を投げかけながら「鳥海山の自然を守る会」を立ち上げた。

池田に山以外の時間が果たしてあったのだろうか。池田は、「山の話を始めると止まらない」と慕われた理科教師であった。教師という忙しい日常の中で、山行を重ね記録をまとめ、山に係わるあらゆる活動に奔走した。一日が何時間あっても足りなかったにちがいない。近頃、「人生に山があって良かった」という言葉をよく聞くが、池田の場合は「山が人生だった」と言うとしっくりくる。

撮影を進めるうちに、池田の「人を大切にする生き方」が見えてきた。記録の中に、一緒に山を登った友人、知人、隣人など多くの人々や、生徒とその家族、地域住民や子供会も登場する。とりわけ自らの家族を愛した姿が、家族での登山中の出来事を綴っただけの記述に表現されているから不思議だ。愛犬タマとのふれあいも心打たれるものがある。池田の振る舞いは、誰にも対等で、しかも友情に満ちていた。

酒田二中時代に四年をかけた「鳥海山の気象観測」では、百人を超える山岳部員と山をより深く知ることの楽しさを分かち合い、後の貝型雪渓に着目した万年雪の研究では、余目高校地学部員と共に大きな成果を上げた。注目すべきは、登山や自然の研究のほとんどを、生徒を巻き込んで実行していることである。鳥海山に大規模スキー場開発の問題が起こり、雪密度測定、イヌワシ生息調査、古代ブナ（鋸歯葉ブナ・氷河期の生き残りと言われている）の調査に力を入れて自然の大切さを数値で証明しようとした姿勢をうかがうことができる。

池田が、もっとも大切にしたのは、言うまでもなく山と自然。山行は、多くがテント泊や雪洞泊で実行されている。山に身を寄せて自然との同化を企てた。山の水で喉を潤し、山の水で顔を洗い、山の水で飯を炊く。共に歩む人々と力を合わせて山と自然を愛した。その姿勢が、自然を破壊する大規模リゾート開発を阻止する原動力になったのだろう。

山行記録№二二九八に鳥海山一〇〇〇回目の記述がある。ここで池田は珍しく心情を吐露している。鉾立から歩き始めて六時間かけて御浜に立った時、「新山、外輪山の眺望を満喫する。来て良かった！」と。池田昭二、七九歳の夏。

鳥海山気象観測登山あれこれ

石黒重恭

一九五八年、酒田市立第二中学校山岳部の鳥海山の気象研究が日本学生科学賞を受賞した。この年私は三年生で山岳部員として一年間だけ気象観測登山に参加した。酒田二中山岳部の鳥海山の気象観測は一九五五年から始まったが、たった一年間だけの部員だった私が観測活動について書くことは適任ではない。でもその間にあった出来事を思いつくままにここに記しておくことは無駄ではないと思う。それは池田昭二先生の横顔を記憶にとどめることでもあるからである。

気象観測と言っても、当時まともな観測器具を購入する余裕などはなかった。すべて手作りである。一九五八年四月のある日、山岳部部長の鈴木茂君から、雨量計を作るので一斗缶を集めて来て欲しいと言われた。さて、どこに行けば一斗缶が手に入るのか皆目見当がつかない。相談を持ちかけられた家族も同様である。知人の助言を頼りに、通学路途中の製粉所に立ち寄って事情を話した。すると、ご主人は理解を示し、さっそく提供してくれた。

雨量計は一斗缶の上部に漏斗を取り付けさらに予備の一斗缶をホースで繋いだ。前年度の観測では一個の缶から雨水が溢れてしまい、正確な降雨量を測れなかったのでその反省を踏まえた工夫だった。また、少量の雨水で降水量を計測するため、漏斗の口径を前年の21㎝から15㎝にした。

さて、気象観測に当たる部員が山で使うテントである。登山用のテントなどはなかった。使ったのは米軍放出品の屋根型のテントである。それは二枚の布を梁の部分で繋ぎ、三本繋ぎの木製の支柱で支える構造だった。天井が低く小柄な人でも頭がつかえた。普段は三人で使用したが、山行人数が多いときには四人が入ることもあった。窮屈なので朝には一人がテントの外に押し出されていたこともある。テントからはみ出した部員は藪蚊やブヨの餌食になった。雨の時は最悪だった。テントの両端の者は必ず濡れる。だからジャンケンで両端に寝る者を決めていた。テントの中では押し合いが一晩中続くことになる。

ある晴れた日の放課後、校内放送で山岳部員に集合がかかった。部員は百葉箱のある草地に集まった。そこにイケショー（生徒たちは親しみを込めて先生をこう呼んだ）の、いつもの悪戯っ子の笑顔があった。その足元に大きな白い紙包みがあった。『みんな揃ったかー、そしたらこれを広げて見れ‼』池昭独特の標準語なまりの庄内弁の号令がかかった。紙包みから出て来たのは厚手の巨大なビニールの袋だった。どこで手に入れたのだろう。先生の話では飛行機のエンジンを輸送する際の梱包材とのことだった。『これでテント不足が解消されるぞー』と池昭は得意げだった。これをテント代わりに使う計画だったのだ。実際このビニール袋は気象観測の資金作りで使われた。一九五八年五月三日から二泊三日の山岳部員のワラビ採り作戦である。鳥海山山麓の三ノ滝分岐にそのビニール袋のテントが設営された。一〇人ほど中に入ると呼気によって内部がたちまち曇った。湿気を逃がすためにあちこち穴を空けたが役に立たず内部はすこぶる息苦しい。雨の時は湿気抜きの穴からひっきりなしに雨水が入る。結局このテントは使いものにならないことが分かった。

そんな苦労をして収穫したワラビを酒田市内の人通りの多い大きなスーパーマーケットの前で販売した。するとスーパーマーケットからクレームがつき、やむなく駅前に場所を移した。ワラビの品質にも問題があり、期待しただけの売上げは無かった。それでも鳥海山の外輪山のひとつ伏拝（ふしおがみ）岳に新しい百葉箱を設置することができた。池昭の斬新な着想と執念に山岳部員はじつに素直に呼応したのだった。

山岳部員は生徒会活動でもその中心になった。山岳部の部費は当時二万四千円だった。おそらくこの部費の額は野球部に次いで二番目に高額であったのではないかと思う。しかし、その部費は登山用具の購入や修理費に当てられ、気象観測機器まではまわらなかった。そこで私たちは山岳部々費の増額を図るために一計をめぐらした。山岳部員から生徒会長、副会長を出せばいい、というのである。部長で雄弁な齋藤軍司君を生徒会長、同部員の石川幸子さんを副会長に推薦し、二人とも当選を果たし、山岳部々費も増額された。当時の生徒数約一〇〇〇人のうち山岳部員が一三〇名を越えていたので一大勢力だったことも有利に働いた。

そんな経過をたどって酒田二中山岳部の鳥海山気象観測が軌道に乗った。鳥海山にはどれほどの雨が降るのか？　まずはこれを調べようということになった。それで鳥海山に七か所に雨量計を設置した。西面（吹浦コース）に駒止営林署小屋、大平、御浜の三ヶ所、そして南面（蕨岡コース）には峰拝、横堂、河原宿の三ヶ所そして外輪山の伏拝岳である。西面と南面の出来るだけ同じ標高で、雨量測定に支障をきたす立木がない場所を選定した。観測は土曜日に西面、南面の二コースに分かれて出発し、テントで一泊して日曜日に帰宅した。両コース観測点で同じ時刻に計量した。その方法は簡単で、一斗缶にたまった雨水を飯盒の蓋で何杯あるか数えるのだ。雨水といえども飯盒の蓋で測ることにはかなり抵抗があった。なぜなら心ない登山者が雨量計に小便をした形跡もあったからだ。一週間から長いときは三週間分の雨水を計測したこともある。下山翌日の放課後に部員たちが理科室に集まり、計量に使った飯盒の蓋の容積を測り観測地点の雨量を正確に計算した。

気象観測登山のある週の土曜日は四校時目の授業が免除された。そうしないと酒田駅発羽越線下りの列車に間に合わないからである。「山岳部です。山に行って来ます」と申し出ると、四校時目の先生は「気を付けて行って来い」といって送りだしてくれました。そうさせたのは校長の理解もさることながら、池昭の人柄と熱意のなせる業だったと思う。

一九五九年高校一年の私はＯＢとして酒田二中の気象観測に参加した。その時の引率教諭が本書編集委員長齋藤豊氏だった。数名の中学生部員の中で一年生の佐々木茂君が印象に残っている。小柄で無口ながらタフで良く気の利く生徒だった。伏拝岳に着くと既にテントが張られてあった。この時の観測項目は気温、湿度、風向、風速、気圧、最高・最低気温、それに雨量である。観測時刻は六時、九時、十二時、十五時、十八時、二十一時の一日六回である。これは気象庁酒田測候所の観測時刻に合わせてあった。伏拝岳には水場がない。飲み水と炊事用の水は山頂小屋で分けて貰わなければならない。山頂小屋にとっても水は貴重だ。山岳部員は小屋近くの雪渓からとった雪を雨水貯蔵のドラム缶に入れてから、小屋番に一声かけて水を貰って来るのである。伏拝岳まで戻る途中の水の入った布バケツがひどく重かった記憶がある。このようにして卒業生の私は後輩の部員と一緒に三泊四日正味四八時間の観測に参加した。

気象観測にしても登山にしても、記録することからすべてが始まることを池昭は教えてくれたのだと思う。酒田二中山岳部は先輩後輩わけ隔てのない自由な集団だった。その中で部員が守らなければならない六つの決まりがあった。

一、みんながこころを一つにして仲良く助けあっていこう
二、雪にも嵐にもへこたれない強い身体をつくろう
三、人のいやがる仕事を進んでやろう
四、石ころ一つにも細かい目を向け、疑問を掘り下げて行こう
五、自分の責任を最後まで果たそう
六、きまりを守ろう

池昭は人類の普遍的な価値である友愛、献身、責任それに探究精神を中学生に分かりやすい言葉で説いていたのだ。何と素朴で、何と素晴らしい決まりだったことだろう。これは池昭の教育理念、いや彼の生き方そのものだったと思う。酒田二中山岳部ＯＢは六十年経った今でもこの六つの規則を己の人生の規範として生きようとしている。そして当時の山岳部員は現在ＳＥＮＮＩＮ（せんにん）会という名のもとに毎年集まっている。池昭は今も私たちと共に生きている。

受賞した報告書とメダル（眞嶋明提供）

池田昭二　年譜

（齋藤　豊）

一九二七（昭二）二月二二日　中国（旧満州撫順市）にて父・忠蔵（山形県飽海郡八幡町出身）、母・愛子（東京都出身）、男三人、女四人、七人兄弟の長男として誕生、父に連れられスキーや山歩きを始める。

撫順市永安尋常小学校、撫順中学校卒業、官立京城鉱山専門学校冶金科二年で退学

一九四五（昭二〇）一八歳　敗戦当日勤労動員先から釜山まで夜間逃避行を続け、奇跡的に生き延びて日本に帰還する

一九四六（昭二一）十九歳　中国人の助けがあり家族も引揚げ秋田鉱山専門学校冶金科二学年に編入　日本共産党入党

一九四八（昭二三）二一歳　秋田鉱山専門学校冶金科卒業

一九四八（昭二三）二一歳　酒田市立第一中学校で教職に就く（在職二年）

一九五〇（昭二五）二三歳　酒田市立亀ヶ崎小学校に異動（在職三年）肺結核を患い入院生活を送る（二年六ヶ月間入院中、隠れて山行を繰り返す

一九五三（昭二八）二六歳　酒田市立第二中学校に異動（在職七年）山岳部創設、三年後部員一三八人

一九五五（昭三〇）二八歳　鳥海山の気象観測に着手し一九五九年（昭三四）まで継続

一九五八（昭三三）三一歳　日本山岳会に入会　会員番号四五〇七

酒田市中体連に山岳部門を新設し山岳部長となる

酒田市営山小屋の建設を提案

酒田第二中学校山岳部の「鳥海山気象研究」が日本学生科学賞（読売科学賞）受賞

一九五九（昭三四）三二歳　山岳会「シリウス」創設、会長となる
一九六〇（昭三五）三三歳　八幡町立大沢中学校に異動（在職一年）山岳部創設、顧問として指導
飽海郡中体連山岳部創設　初代会長
一九六一（昭三六）三四歳　八幡町立日向中学校に異動（在職二年）
酒田市営山小屋（通称万助小舎）竣工（鳥海山、標高一〇三〇m）建設の中心的活動
一九六二（昭三七）三五歳　田中玲子と結婚式後、新婦との鳥海登山　登山では九死に一生を得る（『忘れえぬ山』収録）
一九六三（昭三八）三六歳　山形県立酒田北高等学校に異動（在職七年）山岳部顧問
全国登山指導者講習会第三回立山集会に県代表として参加
一九六四（昭三九）三七歳　鳥海山鹿俣沢の遡行探索により酒田市体協より栄光賞受賞
日本山岳協会指導者第二回研修会（富士山）に参加
全国高校総体登山大会（奈良県）に山形県監督として参加
一九六五（昭四〇）三八歳　出羽丘陵郡境縦走中、雪庇崩壊し墜落、胃四分の三切除
山形県山岳連盟会長賞を受賞
一九七〇（昭四五）四三歳　山形県立酒田西高等学校に異動（在職六年）　山岳部顧問
女子生徒の酒田～湯野浜間約二〇㎞の歩行行事開始、以後毎年開催
一九七一（昭四六）四四歳　日本海から太平洋までの山形・宮城県境縦走登山による横断達成
（鳥海山～丁岳～神室山～軍沢岳～栗駒山　一九六七～一九七一）
日本ヒマラヤ山岳協会東北ランタン・ヒマール（ネパール）踏査隊隊長
一九七二（昭四七）四五歳　酒田ヒマラヤ研究会設立　会長
一九七三（昭四八）四六歳　酒田勤労者山岳会設立　会長
酒田ヒマラヤ研究会　ネパール、ムクチナート・ヒマール踏査参加
一九七五（昭五〇）四八歳　山と高原地図『鳥海山』（昭文社）踏査執筆　二〇〇三年まで

インド・カシミール　ラダック・ザンスカール山群踏査隊長
一九七六（昭五一）四九歳　山形県立余目高等学校に異動（在職五年）地学部顧問創設　論文「鳥海山万年雪研究」
鳥海山・滝ノ小屋線道路工事再開に反対し「鳥海山の自然を守る会」　会長
土屋巌香川大教授と共同で鳥海山雪渓（小氷河）研究数年続く
一九七八（昭五三）五一歳　山形県勤労者山岳連盟結成、初代会長
一九八〇（昭五五）五三歳　酒田ヒマラヤ研究会主催「ヒマラヤ展」開催
一九八一（昭五六）五四歳　山形県立松山里仁館高等学校に異動（在職五年）山岳部顧問
一九八四（昭五九）五七歳　全国高校総体登山大会（秋田県）出場
一九八六（昭六一）五九歳　定年を待たずに退職　教職歴三十八年
一九九一（平三）　六四歳　日本山岳会アルパインスキークラブに入会（二〇〇〇年退会）
一九九二（平四）　六五歳　南北アメリカ徒歩縦横断の快挙を成し遂げた長男拓が不慮の労働災害で死亡（二六歳）
『息子からの手紙・鳥海山』がＮＨＫテレビ「新日本探訪」で全国放送、一年後アーカイブで再放送
一九九六（平六）　六九歳　長男拓の遺稿『南北アメリカ徒歩縦横断日記』（無明舎出版）上梓
長女ゆきが手書き日記をワープロ入力
一九九七（平九）　七〇歳　鳥海山にイヌワシの生息を確認　コクドＫＫがスキー場開発計画撤回
二〇〇六（平一八）七九歳　福岡市で講演「コクドとの闘い、そして鳥海山を守った」（アンデニスタクラブ主催）
二〇〇七（平一九）八〇歳　日本山岳会永年会員
二〇〇八（平二〇）八一歳　日本山岳会アルパインスキークラブ全国集会（鳥海山）で講演
二〇〇九（平二一）八二歳　『忘れがたい山』（無明舎出版）上梓
二〇一一（平二三）八月二日、酒田市本間病院にて逝去《享年八四歳六ヶ月》

おわりに

池田の残した登山記録を前にしたとき、私たちはその膨大な量に驚き、途方に暮れた。池田は教育者として、登山者として、自然保護活動家として大きな業績を残した。また日中友好にも力を注いだ。彼は登山だけでなく、それらの日常の活動をすべて記録した。まさに記録精神の塊のような人物であった。池田の残した記録から何を選ぶか。答えは簡単だった。鳥海山である。池田は鳥海山と共に生きたからである。

池田の周りには多くの教え子が集った。池田は山にあっても、教壇にあっても高い理想を掲げたからである。その理想とは池田が好きだった詩人ポール・エリュアールの言葉を借りるなら、フラテルニテ（友愛）であり、リベルテ（自由）だった。池田は権力に媚びず、個々人の生き方を尊び、自然の豊かさを語った。今なお教え子たちは池田を語りあう。そしてそのたびごとに彼らの中に新しく池田が蘇ってくる。

このたび、この一風変わった登山記録の価値にいち早く着目して、本書の出版を引き受けていただいた無明舎出版社主安倍甲氏に深く感謝したい。一九九六年に同社から池田の長男池田拓の旅の記録『南北アメリカ徒歩縦横断日記』、二〇〇九年に池田自身の『忘れがたい山』が出版されているので、池田親子の本に新たな一冊が加わることになる。CDには鳥海山の記録のほかに、池田が足しげく通った鳥海山以南の出羽丘陵の山行記録、多くの雪洞体験、鳥海山小氷河の調査研究、庄内地区の山菜百選、鳥海山の雪質の調査記録などを付録資料として加えた。池田の登山者としての視野の広さと活動の多様性を物語る資料だからである。最後に、池田の歩いた登山道が廃道になっていたり、逆に幅広く整備されたり、沢筋が変化していたりと、登山者を取り巻く環境も年々変化している。したがって本書はあくまでも登山者池田昭二の個人的な鳥海山での行動記録であり、実用的なガイドブックではないことを断っておく。最後に、本書に寄せていただいた長女岩本ゆきさんの心温まる手記、「手帳に刻まれた輝く日々」はきっと亡き父上に届くことと思う。

粕谷俊矩

CDの使い方

コンピュータの推奨環境

OS　:Windows7 以降のWindows　　ブラウザ:Internet Explorer
Excel:Windows 版のExcel 2007 以降　☆PDFファイルが表示できるソフトウェアが入っていること
＊詳しい推奨環境、動作環境についてはCD内の解説をお読みください

はじめに「目次画面」を表示して「CDの動作環境と構成について」をお読みください

●「目次画面」を表示する

付属のCDをCDドライブ、またはDVDドライブにセットすると「目次画面」が表示されます。CDをセットしても「目次画面」が自動的に表示されない場合は、以下の方法で表示します。

① 右のような「CD内のメニュー画面」が表示されます。
② 「目次」をダブルクリックします。
③ 「目次画面」が表示されます。

CD内のメニュー画面

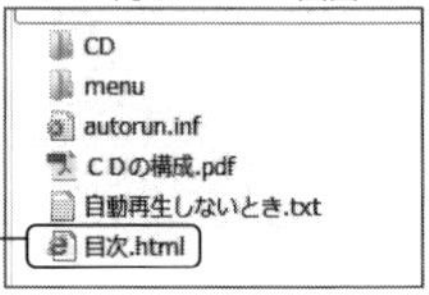

アドバイス ①で最初に「自動再生メニュー」が表示されたら「フォルダーを開いてファイルを表示」をクリックします。メニュー画面が表示されない場合は、タスクバーからエクスプローラー をクリックし、このCDを選びます。

自動再生メニュー

アドバイス ②で「目次」をダブルクリックして下の画面が表示された場合は「いいえ」をクリックします。

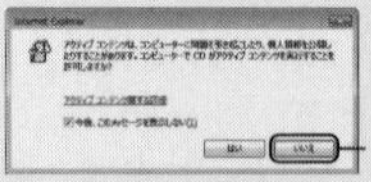

●「CDの動作環境と構成について」を開く

まず「目次画面」から「CDの動作環境と構成について」を開いてください。動作環境や山行記録の開き方など、CDの使い方について詳しい解説が書かれています。

ここをクリックして開く

＊この「目次画面」から山行記録などの各資料を開くことができます。

目次画面

CD内のデータについてのご注意

● ファイル名やフォルダ名の変更、データの移動をしないでください

・CD内のフォルダ名やファイル名を変えたり、データをフォルダから移動すると、動作に不具合が生じます。「目次画面」のメニューから「山行記録リスト」や資料を開いたり、「山行記録リスト」から「手書き山行記録」を表示することができなくなりますので、ご注意ください。

● 著作権などについて

・このＣＤ内の各データの著作権は池田昭二山行記録編集委員会にあります。無断転載はご遠慮ください。
・ＣＤ内のデータを無断でインターネットやクラウドにアップすることは絶対にしないでください。

● なるべく推奨環境でのご使用をおすすめします

・ＣＤ内のデータは、なるべく推奨環境のＯＳ、ソフトウェアでお使いください。推奨環境以外での動作の不具合に関しては、責任を負い兼ねますので、ご了承ください。

● 収録データについて

・CD内のデータは池田昭二個人の調査、主観による記録当時のデータです。他の調査データや現在の状況とは異なる場合があります。

編集委員・執筆者紹介

編集長	齋藤　豊	元高校教師（美術）、造形作家、版画集『鳥海百景』 酒田第二中学校で池田昭二氏と職場を共にする（1959年）
編集委員	石黒　重恭	元高校教師（数学）、池田昭二先生の教え子
編集委員	粕谷　俊矩	元高校教師（社会）、日本山岳会会員
編集委員	斎藤　政広	写真家、『鳥海山花図鑑』（無明舎出版）、『山形県の山』（共著：山と渓谷社）、 『山と高原地図　鳥海山・月山』（昭文社）
編集委員	佐藤　要	カメラマン、雑誌『山歩きの雑記帳』編集長、ガイドブック『鳥海山を登る』
編集委員	志田　浩雄	高校教師（数学）、山行記録データ処理担当
編集委員	高橋　毅	池田昭二先生の教え子、日本山岳会会員
執筆者	岩本　ゆき	池田昭二長女、イラストレーター、グラフィックデザイナー

カバー写真	（表）長山昌子
	（裏）佐藤要
ＣＤ表紙写真	長山昌子
ＣＤ内写真	佐藤要
ＣＤ用資料複写	佐藤要
本文紙版複写撮影	佐藤要＋斎藤政広
ＣＤマスタリング	志田浩雄
総合デザイン	齊藤隆（オフィス田宮）

池田昭二 鳥海山山行記録1000

発行日　2018年5月20日　初版１刷
定　価　（本体1600円＋税）
編　者　池田昭二鳥海山山行記録編集委員会
発行者　安倍　甲
発行所　無明舎出版
秋田市広面字川崎 112-1
電話（018）832-5680
FAX（018）832-5137
印刷・製本　シナノ

ISBN978-4-89544-645-7